RÉPONSE

A LA DÉNONCIATION

DE M. DUCHATEAU,

Par M. R. A. Heurion,

MEMBRE DE LA SOCIÉTÉ DES BONNES-ÉTUDES,
LICENCIÉ EN DROIT DE LA FACULTÉ DE PARIS.

Semper et ubiquè fidelis.

PARIS,

IMPRIMERIE DE BÉTHUNE, RUE PALATINE,
HÔTEL PALATIN, N.º 5.

AVANT-PROPOS.

La Brochure de M. Duchateau m'est parvenue
tard ; éloigné de Paris, je n'ai pu y répondre que
long-temps après son apparition. M. de Montlosier
protège de son nom le Dénonciateur des Bonnes-
Études ; ma réponse n'a pour appui que les raisons
sur lesquelles elle est basée. Dans cette Préface, je
rectifie une première erreur de l'acte d'accusation :
M. d'Hermopolis n'a point rompu avec la Congrégation, il a refusé d'en faire partie ; non qu'il n'ait
toujours été rempli d'estime et de respect pour elle,
mais, simplement, parce qu'il ne voulait point ajouter aux obligations de son ministère, les pratiques
accessoires qu'elle impose à ses membres.

A. HENRION,

Membre de la Société des Bonnes-Études.

RÉPONSE

A LA DÉNONCIATION

DE M. DUCHATEAU.

Une sanglante révolution, entraînant avec elle les institutions religieuses et monarchiques, précipita la France dans un abîme d'où elle s'est relevée, appuyée sur les principes conservateurs, orgueil de nos vieilles doctrines. Les temples rendus au culte, le sacerdoce rétabli, justifient ses droits au titre de royaume très-chrétien ; la puissance législative, communiquée aux gouvernés par la concession volontaire et spontanée d'un nouveau Charles V, complète le système d'affranchissement dont l'origine remonte à Louis-le-Gros ; le trône, occupé par les Bourbons, offre à notre admiration comme à notre amour les vertus chevaleresques de François I.ᵉʳ, la bonté de Henri IV, la grandeur de Louis XIV. Cependant, au moment où les successeurs de Bossuet remplissent les chaires de l'épiscopat, on ose accuser la France catholique de fouler aux pieds les maximes gallicanes, courbée sous le joug de la suprématie temporelle des papes : au moment où le serment de fidélité à l'ordre constitutionnel vient, au milieu des solennités du sacre, de retentir sous les voûtes de Reims, on ose méconnaître la parole royale et présager le rétablissement progressif de la puissance absolue. De là ces ridicules philippiques contre une conspiration anti-gallicane et anti-constitutionnelle, dont les jésuites sont les moteurs invisibles , dont le clergé et les royalistes dévoués sont les instrumens connus , à laquelle , enfin , on voudrait rallier la jeunesse des Bonnes-Etudes.

De ténébreuses entreprises , dont l'éloquence du ministère public paralysa les résultats en France , que les troupes autrichiennes combattirent à Naples , qu'un ange , protecteur de la Russie , dévoila à Saint-Pétersbourg ; voilà les réelles et punissables tentatives contre la gloire de la religion , le repos des peuples , le salut des rois. Déjoués dans leurs projets , leurs auteurs ont sans doute voulu , par une utile diversion , en assurer l'exécution ultérieure : on leur reprochait d'envelopper les monarchies d'un fatal réseau ; ils nous montrent l'esprit - prêtre envahissant la France et le despotisme s'avançant pour l'engloutir. Un ordre , honneur de la France littéraire , dont la calomnie empoisonna les intentions , que proscrivit le philosophisme du dix-huitième siècle , devient l'objet spécial et direct de leurs attaques ; la ruine que la secte révolutionnaire veut consommer , on en fait le sanglant apanage des jésuites ; les humbles serviteurs d'un Dieu de paix , les instituteurs utiles de la jeunesse française , tout à coup transformés en sinistres conspirateurs , sont signalés à la patrie comme d'effrayans météores qui répandent sur l'horizon de ses destinées une douteuse lueur et dont le contact l'embrâserait soudain de feux dévorans.

Ou trouver les propagateurs de ces désolantes menaces ? Dans les rangs nombreux qui croient marcher sous la bannière de la liberté , quand leurs chefs perfides les conduisent à la licence ? Mais on eût opposé aux écrivains du parti leurs paroles d'autrefois. L'une des colonnes de l'antique édifice de nos doctrines s'en détacha ; isolé des compagnons de sa gloire qui lui prêtaient leur force, comme jadis il leur communiquait la sienne, M. de Montlosier devint la frêle base sur laquelle on échaffauda le système imaginaire attribué à la royauté et à la religion. Toutefois, en blâmant sa conduite , gardons-nous de faire le procès à sa bonne-foi. La voie éloquente

qui, au sein de l'Assemblée nationale, s'écriait : « Arra-
» chez au clergé ses croix d'or, il lui restera des croix de
» bois; une croix de bois a sauvé l'univers. » Cette voix,
alors toute puissante sur les cœurs chrétiens et royalistes,
n'est point l'organe de la trahison et de la révolte. Défenseur du clergé, M. de Montlosier croit, peut-être, plai-
der encore les intérêts de la gloire, de la dignité, de l'influence sacerdotales, en s'élevant contre un zèle qu'il
regarde comme du fanatisme ou de l'ambition. Preux che-
valier, la loyauté est sa devise, il voudrait qu'elle pré-
dominât en religion et en politique; mais, sujet lui-même
à l'humaine faiblesse, séduit par la noblese de ses intentions, il s'égare dans la route tracée par le devoir, et, du
camp fidèle aux souvenirs de l'ancienne France, il passe
dans celui des novateurs. Sachons, cependant, conserver
à la vieillesse ses légitimes honneurs :

Ainsi que la vertu, le crime a ses degrés.

et l'homme blanchi dans la pratique du bien, dont le cœur,
sans cesse ouvert aux généreuses inspirations, aux nobles
sentimens, recéla si long-temps l'amour du Roi, n'en a
pu devenir l'audacieux ennemi.

Un grand exemple trouve des imitateurs. Au procès
fameux que la dénonciation de M. de Montlosier introduisit devant la Cour royale de Paris, M. Duchâteau joi-
gnit un incident sur lequel il appela l'attention dans une
courte brochure, où il n'articule pas un fait précis qui ne
soit inexact, un fait général qui ne soit dénaturé : comme
si l'esprit, pesé dans la balance de la raison, équivalait à
des preuves!

Transfuge du camp royaliste, le maître déclara la
guerre à un vaste système de fanatisme et d'oppression;
transfuge des Bonnes-Études, l'élève met à l'index de la
France la modeste retraite d'une studieuse jeunesse, le
foyer d'où jaillit pour elle la lumière qui l'éclaire sur les
principes à suivre, sur les écueils à éviter. Moi-même,
membre de cette Société depuis trois ans, témoin, comme

M. Duchâteau, des travaux auxquels on s'y livre, des maximes qu'on y professe, j'ai dû, *uniquement en mon nom personnel*, repousser d'injurieuses imputations, démentir des observations sans fondement.

SOCIÉTÉ DES BONNES ÉTUDES.

Formée pendant les troubles que la légitimité triomphante n'avait pu faire entièrement disparaître, asyle de la Religion méconnue et du royalisme persécuté, il était naturel que la Société adoptât pour devise : DIEU et le ROI : *Dieu*, modèle éternel proposé à notre imitation, soutien de cette France, bouleversée par tant d'orages, dont la main paternelle nous prodigua les bons monarques; le *Roi*, image de Dieu sur la terre, centre d'amour et de dévouement, source de notre constante prospérité. Ainsi, dans l'ordre moral et dans l'ordre politique, la Société propose à la jeunesse un but, auquel doivent se rapporter tous ses efforts; un point de ralliement, au milieu de la fluctuation de doctrines corruptrices; un principe de vie, au lieu des décourageantes maximes de l'athéisme et de la licence. Fixité dans les saines croyances, dévouement au prince, constituent les devoirs imposés à chaque associé; ce sont les mêmes que se prescrivait la double *Congrégation*, dont un illustre prélat avouait l'existence, avec une si noble franchise : l'une, s'encourageant à la ferveur chrétienne par des exercices purement religieux; l'autre, entourant la légitimité d'un formidable rempart de fidélité. Or, puisque tel était le but certain de ces deux aggrégations, pourquoi répudier une filiation qui ne serait qu'honorable pour les Bonnes-Études ? M. Duchâteau ne la révoque point en doute : admis comme lui dans leur enceinte, je proteste n'avoir pas, à cet égard, la moindre donnée; la certitude du contraire me serait plutôt acquise, si je me déterminais d'après l'étonnement que témoignèrent tous mes collègues; dans la salle des journaux, à la lecture de la communication ministérielle.

La Religion, dit le noble prélat, ne peut pas plus se passer de prêtres que la Justice de magistrats. Aussi le respect dont les dogmes et la morale du christianisme doivent être environnés , s'étend naturellement au sacerdoce et au souverain pontife, qui en est la pierre fondamentale. Fils de l'Église, nous payons au vicaire de Jésus-Christ un juste tribut de soumission; mais, hors du cercle du spirituel , il ne commande point notre obéissance. Cette distinction des deux puissances, clairement établie dans la déclaration de 1682 , renouvelée par les lettres récentes des évêques de France, est religieusement reconnue par la société. Pleine d'admiration pour le beau talent de M. de la Mennais , elle repousse l'ultramontanisme et se contente d'être catholique comme St. Louis ou comme Louis XIV.

Dévouées au principe monarchique, à l'auguste dynastie qui, de l'obscur chaos du X.ᵉ siècle, s'éleva audessus de la France déchirée, et fit luire, pour nos pères, l'aurore d'une ère nouvelle, les Bonnes-Etudes regardent comme le plus beau titre de gloire des descendans de Hugues-Capet , l'affranchissement du servage féodal, l'institution des communes , la réunion à la couronne des provinces séparées. Loin de nous la sombre idée de changer le père du peuple en un farouche tyran; de placer à son palais des portes de fer, insuffisantes pour le garantir de la haine de sujets opprimés : la dignité de l'homme nous est connue, et c'est avec un sentiment d'amour et de reconnoissance que nous embrassons le Palladium de nos libertés, aussi attentifs à n'en point faire un signal d'insubordination , qu'empressés d'en rapporter l'honneur au plus sage des rois.

Ce sont là nos principes, tels que je les professe moi-même, tels que je les ai vu et entendu professer autour de moi. Vainement donc les dénonciations s'accumuleraient contre nous; vainement l'art d'une trompeuse dialectique, les ressources d'une complaisante éloquence, l'arme de la plaisanterie se réuniraient pour sapper les fondemens de la société : assise sur les principes inalté-

rables que reconnaît tout gallican et tout bon Français,
elle résistera à ces attaques, continuant à recevoir dans
son enceinte une jeunesse, assez instruite pour ne pas
rougir de reconnaître un Dieu, assez dévouée pour chérir le Roi.

RENOUVELLEMENT DES SOCIÉTAIRES.

A ce double titre, la dénomination de Sainte-Milice
que lui attribue M. Duchâteau, ne serait peut-être point
imméritée. Heureux d'entourer l'autel et le trône, nous
voulons leur triomphe; mais une si noble cause ne permet que l'emploi de moyens avoués par la morale : à la
fougue de nos adversaires, nous opposons la modération,
à leurs accusations, le défi positif de les appuyer d'aucune preuve solide.

J'ai rappelé qu'ils s'acharnent après un insaisissable
fantôme à qui leur imagination déréglée prête une existence réelle et qui, nouvel Encelade, voudroit, dans sa
coupable audace, escalader le ciel, en chasser le Dieu
vivant, y placer le démon de la superstition; j'ai dit que
leurs voies sinistres proclament le retour de ce pouvoir
absolu que la sollicitude royale a pour jamais banni de
nos frontières. Aveuglés par une indignation, louable si
elle était fondée, c'est le plus honteux espionnage qu'ils
assignent pour principe à la société des Bonnes-Etudes.

Moins téméraire que M. Duchâteau, je n'irai pas, dé
gradant l'Université dans l'opinion publique, soutenir
qu'au sein de ses colléges, existe l'appareil d'une in-
quisition; qu'à ce redoutable tribunal préside l'homme,
obligé par état à développer les préceptes de la charité
évangélique; que ses ministres, enfin, sont choisis parmi
les jeunes-gens, appelés par la nature autant que par
leur position, à se vouer une amitié fraternelle. L'âme
se révolte contre l'odieuse idée que la piété se trouve
l'échelon du crime. Elevé au collége royal de Metz,
sous les auspices d'un aumânier, d'un proviseur et d'un
censeur engagés dans les ordres, jamais, je l'avoue,

aucune insinuation de ce genre ne me fut adressée ; aucun soupçon qu'un si dégoûtant système de délation fût possible, n'exista parmi mes condisciples. Sept années d'expérience contrebalanceront l'assertion de M. Duchâteau ; une vague imputation de sa part ne ternira point le caractère d'un des plus éloquens prédicateurs de Paris ; j'en appelle, d'ailleurs, à la bonne foi des autres élèves de l'Université.

Lié personnellement avec des pensionnaires de St. Acheul et de Dôle, j'appris de leur bouche avec quels soins l'instruction leur est dispensée, avec quelle sollicitude on surveille leur conduite, avec quelle tendresse on pourvoit à leurs besoins. Reconnaissans envers des maîtres, dont la science et l'activité commandent leur gratitude, ils m'ont aisément transmis ce sentiment d'estime : formés dans ces petits séminaires, dont la dénomination rappelle le but religieux, aux vertus chrétiennes comme aux sciences profanes, le cœur façonné de bonne heure à l'amour du roi, ils promettent à la patrie d'utiles citoyens, au prince, de loyaux et fidèles sujets. Quel prétexte leur interdirait donc l'entrée des Bonnes-Etudes ? Trop jeunes, au sortir de leurs séminaires, pour être versés dans les questions de haute politique, ils s'y présenteraient, alors même que la calomnie ne poursuivrait pas les jésuites, exempts de tous préjugés antérieurs et disposés à soutenir des maximes, gloire de l'Eglise de France ; des institutions, émanées de la puissance légitime.

Capitale du royaume, Paris, grâce à la multiplicité et à l'excellence de ses établissemens littéraires ou scientifiques, concentre l'élite de la jeunesse française : si l'esprit acquiert, dans les colléges, ses premiers développemens, il se familiarise, à Paris, avec la science à laquelle on voue sa carrière. Abstraction faite des études théologiques et mathématiques, pour lesquelles il existe des établissemens spéciaux ; les Ecoles de droit et de médecine n'admettant que des externes, il en résulte que des salles de travail et des conférences accessoires sont indispensables pour exercer les étudians pendant les heures non consacrées aux cours. Les cabinets de lecture, dont une modique rétribution mensuelle ouvre l'entrée, remplissent généralement ce but : un certain nombre de jeunes-gens est admis aux Bonnes-Etudes. Or, j'ai déjà fait connaître l'esprit qui présida à leur fondation. Il n'est pas étonnant, dès-lors, que des précautions particulières justifient à la Société que les principes de l'aspirant répondent à ceux qu'elle professe. Sur la proposition de deux anciens sociétaires, adressée au Conseil administratif, la question de l'admissibilité se résout d'une manière presque toujours affirmative; M. Duchâteau est une preuve que l'accès des Bonnes-Etudes n'est point si difficile aux opinions même douteuses. Tout-à-fait inconnu aux directeurs de la société, la simple intervention de deux amis m'y introduisit il y a trois ans; j'ai concouru moi-même à l'admission de nouveaux sociétaires, et je ne sache pas qu'aucun évêque, qu'aucun prêtre d'un ordre inférieur, qu'aucun laïc, nous eût recommandés à la bienveillance du Conseil. Que, du reste, ces recommandations soient quelquefois en usage, je ne prétends pas le nier : trop sûr des vertus de l'épiscopat français, pour ne point respecter ses démarches; trop convaincu de son attachement aux libertés gallicanes, si hautement proclamé dans ses déclarations récentes, pour ne point le croire partagé par les jeunes-gens, objet de cette protection. Que, d'ailleurs, il existe des hôtels, dont les chefs s'honorent de faire partie des Bonnes-Etudes, et qu'habitent plusieurs de mes collègues, je ne le nierai pas davantage : les succès de la société d'*Etudes Littéraires*, établie dans l'un de ces hôtels, mais à laquelle je n'ai jamais appartenu, en démontrent l'utilité. Concluons de ce qui précède, que des recommandations respectables offrent aux parens une garantie de plus; qu'en outre, l'habitation de leurs fils dans des hôtels particuliers étant purement facultative, l'existence de ces maisons ne doit porter aucun ombrage. Mon admission, indépendamment de ces deux prétendus élémens de succès, lèvera tous les doutes.

HIÉRARCHIE.

Ainsi composées , les Bonnes-Études comptent environ cinq cents Sociétaires , suivant le calcul de M. Duchâteau ; chaque année une série disparaît , une série nouvelle la remplace : la fin des études , l'instabilité de la jeunesse , expliquent ce perpétuel mouvement , sans qu'il soit nécessaire de recourir à ces désertions consciencieuses dont M. Duchâteau a la modestie de proclamer qu'il a donné un frappant exemple. Plusieurs conférences divisent les Sociétaires en autant de sections , présidées , soit par des savans ou des avocats distingués , soit par de simples membres que choisissent leurs collègues , et auxquels on confie les fonctions de vice-président , de secrétaire , de trésorier-archiviste. La foule , caractérisée par le critique avec plus d'esprit que de vérité et de politesse , attentive aux leçons des hommes à qui leur zèle fait surmonter les dégoûts de l'enseignement , indulgente pour l'inexpérience de ses chefs électifs , parcourt ainsi le cercle de l'année scholaire.

A la tête des Bonnes-Études , indépendamment de la hiérarchie des conférences , est placé un conseil administratif , régulateur du matériel de la Société , dont les délibérations embrassent tous les détails , qui a pour organe un commissaire-général. Or , tous les membres de ce conseil sont Sociétaires eux-mêmes ; la confiance de leurs collègues récompense leurs fonctions pénibles et gratuites.

Dernier échelon de la hiérarchie , une présidence , toute de protection , rattache les Bonnes-Études au plus éminent degré de l'ordre social , et leur offre à la fois dans celui qui daigna en accepter les honneurs , un vivant modèle de dévouement , de noblesse , de générosité. Heureux établissement , placé tour à tour sous la salutaire influence des plus touchantes vertus , de la fidélité la plus pure ! La postérité reconnaîtra dans M. le duc Mathieu de Montmorency une piété tolérante , un attachement sincère au système constitutionnel : égide certaine contre d'imprudentes innovations, son nom nous rappelait les gloires de l'ancienne monarchie, tandis que son exemple provoquait notre amour pour la nouvelle. L'Amitié, qui sut le remplacer dans la plus noble, mais la plus difficile de ses attributions, confia aussi à son successeur une surveillance protectrice sur la jeunesse, destinée à défendre un jour le trône de son auguste élève : enseignant au Prince à chérir ses peuples, il apprend aux sujets à aimer le Prince. Par là se communique au sein des Bonnes-Études le feu sacré dont brûlaient nos ancêtres, et qui, bien différent de ces flammes incendiaires auxquelles furent livrés et la religion et le trône, remplace dans l'Europe chrétienne celui que Rome idolâtre entretenait sur l'autel de Vesta. Par là encore, suivant la comparaison de M. Duchâteau, la voix du berger avertit le troupeau fidèle des piéges que lui tendent, et de faux prophètes revêtus de la peau de brebis égarées, et ces autres ennemis, non satisfaits de l'avoir décimé une fois, tout prêts à dresser un nouveau trophée avec ses sanglantes dépouilles.

LOCAL.

Diverses salles destinées à la lecture des journaux, au travail particulier des Sociétaires, aux conférences partielles, aux conférences générales, occupent le rez-de-chaussée de la maison, n.° 11, rue des Fossés-St.-Jacques. Un bibliothécaire et un portier composent exclusivement le personnel salarié, que l'imagination complaisante de M. Duchâteau assimile à celui d'une administration. La garde et le classement des livres placés dans la salle de travail; la distribution quotidienne des journaux ou des brochures, la surveillance de l'éclairage et du chauffage, rentrent dans les attributions du bibliothécaire; le service intérieur, purement domestique, et l'exhibition des cartes d'entrée, sont du ressort du portier. Ce détail était indispensable pour rectifier les erreurs, involontaires, j'aime à le croire, mais inconcevables, d'un critique qui prétend avoir vu et entendu.

REVENUS.

Dans ce siècle industriel où le positif absorbe les esprits, j'eusse été surpris que le dénonciateur des Bonnes-Études n'eût point élevé entre elles et les manufactures un parallèle tout à la gloire du commerce. Effectivement, une école uniquement propre à développer les facultés de l'intelligence, à diriger les sentimens du cœur de la manière la plus favorable au triomphe des bons principes, doit souverainement déplaire aux partisans des Résumés historiques, des Évangiles débarrassés de l'appareil des miracles : la France, du moins telle qu'ils la supposent, voterait une ovation républicaine au manufacturier qui pourrait y transporter quelques-uns de ses utiles métiers.

Déjà, pour faciliter cette chute si ardemment désirée, M. Duchâteau a pénétré dans le cabinet du préfet de police, et, vérifiant le registre des dépenses secrètes, a découvert la source honteuse de la prospérité des Bonnes-Études. Suivant lui, l'espionnage lui fournit des prosélytes; suivant lui encore, la Société partage avec des espions d'un autre ordre les fonds arrachés à la facilité des Chambres. MM. de Corbière et d'Hermopolis l'attesteraient au besoin. Sans doute que les frais immenses d'un personnel composé de deux individus exigent ce secours extraordinaire : peut-être aussi est-ce l'énormité de cette dépense qui a fait décréter à notre dénonciateur l'augmentation de la rétribution annuelle. Fixée d'abord à vingt francs, elle s'éleva à vingt-cinq l'an dernier; de sa pleine autorité, M. Duchâteau la porte à trente-cinq. Il est vrai qu'après avoir exagéré la dépense du chauffage, de l'éclairage et des préposés, il se trouvait dans la nécessité d'y pourvoir; or, la capitation de vingt-cinq francs, multipliée par cinq cents, nombre probable des Sociétaires, ne produisant qu'un total de 12,500 francs, il lui a semblé naturel, pour sauver la vraisemblance, d'augmenter d'un tiers la rétribution obligée, et de subvenir au reste par une innocente fiction : preuve nouvelle qu'une fois hors du droit chemin,

on s'égare en aveugle dans le champ de l'erreur, et que,
dans la défense d'une opinion, l'exagération est voisine de
l'imposture.

ESPRIT DE LA SOCIÉTÉ.

Une observation curieuse que fait naître la lecture des
dénonciations de MM. de Montlosier et Duchâteau, c'est
que chacune accuse vaguement l'intention, mais ne la
prouve point par des faits irréfragables. Telle est surtout
la nature des reproches adressés aux Bonnes-Études. Elles
pervertissent la jeunesse sous le rapport politique et religieux... Cependant, toutes les fois qu'en ma présence la
discussion aborda le terrain des doctrines gallicanes ou
constitutionnelles, j'y donnai une pleine et entière adhésion, sans que jamais une voix ait reclamé contre cette
opposition prétendue à l'esprit de la Société; sans que jamais aucun des membres du Conseil ait censuré l'expression loyale et sincère de mon attachement à ces maximes
fondamentales (*).

On nous dénonce comme partisans des jésuites..... Cependant on n'établit pas qu'ils repoussent les doctrines
gallicanes; tandis qu'un acte formel présenté par eux au
Parlement de Paris le 3 décembre 1757, renouvelé quatre
ans après, atteste leur soumission à la déclaration de 1682.,
Disculpés à cet égard, la tolérance qui les admet en
Suisse, en Angleterre, aux États-Unis d'Amérique, démontre que, exclusivement voués à l'enseignement, les
jésuites sont étrangers à la politique, et que leur institut
cosmopolite s'accorde sans danger avec les formes constitutionnelles, et même républicaines.

On nous dénonce comme inhérens à un systême de
Congrégations qui a pour objet de courber la France sous
la domination des prêtres..... Cependant on n'a prouvé
nulle part l'existence des aggrégations avec lesquelles la

(*) On la retrouvera d'une manière implicite dans un *Essai sur
l'Histoire littéraire de France, antérieure à Louis XI.*

Société serait dans un si intime rapport, sauf les deux qui m'ont précédemment occupé. Nulle part, non plus, on n'a prouvé leur connexion avec les Bonnes-Études, et cette preuve fût-elle administrée, les liens qui nous uniraient à ces congréganistes n'auraient, je le répète, rien que d'honorable.

De l'insuffisance des accusations et de la force des réponses, il résulte que le principe religieux et monarchique qui anime les Bonnes-Études en fait un sûr asile pour les jeunes gens le plus attachés aux doctrines gallicanes et constitutionnelles.

BIBLIOTHÈQUE.

Cette conséquence est déniée par nos adversaires, qui, dans une série d'inexplicables contradictions, reprochent au Conseil de n'offrir aux Sociétaires que les doctrines empoisonnées, sans leur présenter en même temps de salutaires préservatifs. L'énumération faite par M. Duchâteau lui-même démontre l'absurdité de ce reproche ; car, à côté des auteurs qu'il flétrit du nom d'apôtres de la théocratie et de l'absolutisme, il place les ennemis les plus redoutables de cette double doctrine. Renversant son argument, n'ai-je point le droit de lui dire que Bossuet, organe de l'assemblée des évêques, exclut dans M. de la Mennais les passages plus ou moins directement contraires à la déclaration de 1682 ? que M. de Châteaubriand, auteur de *la Monarchie selon la Charte*, modifie les conséquences auxquelles on veut arriver en partant des principes de M. de Bonald ? La présence de Bossuet et de M. de Châteaubriand est donc pour les gallicans et les amis de l'ordre constitutionnel le plus naturel préservatif qui neutralise les effets tant redoutés des opinions ultramontaines, des apologies du despotisme : garantis du danger, nous jouissons sans obstacle d'un talent qu'on cherche en vain à dérober à notre admiration ; d'un génie que M. de Montlosier appelle grand, sublime, immense.

Fier de trouver dans les rangs opposés des écrivains dont

autant que lui j'apprécie le mérite littéraire, si je n'a-
dopte pas leurs théories politiques ou religieuses, M. Duchâteau fait un crime à la Société de choisir ses philosophes, ses théologiens, ses économistes, ses historiens,
uniquement dans les rangs royalistes. A notre tour, nous
lui demanderons s'il prétend assimiler la bibliothèque des
Bonnes-Études à ces vastes dépôts d'erreur et de vérité,
si multipliés à Paris, où chacun va indistinctement inter-
roger les oracles de son opinion? Assemblage de royalistes,
elles mettent à leur usage de tous les jours les livres que
les lumières de la raison et de la conscience indiquent au
Conseil comme propres à entretenir dans le cœur des Sociétaires le dévouement au Roi et à la religion. A ce titre,
l'Esprit de l'Histoire de Ferrand, les nombreux ouvrages
de M. Lacretelle, le Génie du Christianisme de M. de Châteaubriand, remplissent seuls les rayons, qui, placés dans
le cabinet de M. Duchâteau, admettraient les coryphées
de l'opinion contraire.

Sur la foi du critique, je veux bien croire que l'immense et utile biographie de Michaud se trouve aux
Bonnes-Études, quoique je l'y aie souvent et inutilement
cherchée. Composée des livres indispensables pour l'é-
tude du droit et de la médecine, leur bibliothèque s'enri-
chit tous les ans d'acquisitions nouvelles; la modicité des
revenus en interdira long-temps encore l'accès à des ouvrages coûteux. M. Duchâteau ayant vu rouler au sein
des Bonnes-Études les flots du Pactole, n'a point réfléchi
à cette cause qui explique, sans effort d'imagination, l'absence de certaines compositions scientifiques ou littéraires.
Quoiqu'il en soit, la Société, possédât-elle les ressources
qu'il lui attribue, ne prétendra jamais à l'insigne honneur
d'une citation en police correctionnelle pour avoir préféré
aux biographies de Michaud les scandaleuses brochures où
les Chambres, les fonctionnaires publics, les femmes
même, sont soumis au scalpel de la calomnie; elle offrira
l'Évangile à ses membres, mais sans les odieuses suppres-
sions qui en effacent le divin caractère; elle les initiera à
l'histoire, mais non au moyen de ces libelles où l'on oublie

les bienfaits du clergé et des monarchies, tandis que l'on rapporte avec une punissable perfidie des excès que revendiquent la barbarie du temps et les passions des individus.

JOURNAUX.

Membre de la Société, M. Duchâteau connaît la salle des journaux : comment se fait-il donc qu'il se trompe et sur le nombre des diverses feuilles et sur le nombre des exemplaires.

La ligne de démarcation tracée entre les organes de l'opposition et ceux de l'opinion monarchique, n'eût point fait proscrire les premiers, si le Conseil n'eût été convaincu que leurs auteurs plaident moins la cause sainte de la liberté que les intérêts de la licence. Aussi, malgré le mérite éminent de rédaction qui distingue les principales de ces feuilles, on a cru dangereux d'introduire dans la Société les germes révolutionnaires qu'elles développent : les *Débats* ont été récemment compris dans cette exclusion. Au contraire, les journaux où se retrouve l'unité de principes, quelle que soit la discordance dans les moyens d'application, sont livrés à la lecture; *le Moniteur*, *l'Étoile*, *la Gazette de France*, *le Drapeau blanc*, *la Quotidienne*, *l'Aristarque* (du moins jusqu'au jour de mon départ), se distribuent chaque jour, non pas, comme l'avance M. Duchâteau, à cinq ou six exemplaires, mais à trois au plus. Ajoutons-y le *Journal de littérature*, celui des *Voyages*, le *Mémorial Catholique*, la *Gazette des Tribunaux*, pour compléter la collection.

Le lecteur impartial jugera si ces miroirs, où se reproduisent toutes les nuances de l'opinion religieuse et monarchique, ne réfléchissent pas un profond respect pour les libertés que nous garantissent les concessions royales. Quant aux journaux exclus, j'ai rappelé la mesure qui les prohibe, sans discuter si la nécessité des comparaisons n'autoriserait pas leur présence.

CONFÉRENCES DIVERSES.

Adoptant la même marche que M. Duchâteau, je l'ai
suivi pas à pas dans ses accusations. On a vu avec quelle
vérité il a caractérisé les Bonnes-Études; de l'arbre planté
dans un temps d'orage par une main protectrice, et des-
tiné à nourrir la génération présente des fruits les plus
salutaires, il a fait un arbre de mort dont l'approche
seule est dangereuse, dont l'ombrage ténébreux protège
l'asservissement moral et politique de la France. Aussi
heureux à calculer le nombre des conférences que celui
des journaux ou des préposés salariés, le critique reconnaît une conférence de littérature, quoique depuis un an
et demi elle ait cessé d'exister dans la Société, pour se
confondre avec celle d'*Études Littéraires*, organisée au-
dehors. Or, il est à croire qu'avec l'honorable susceptibi-
lité de son caractère, M. Duchâteau a fui les Bonnes-
Études dès qu'il en a soupçonné le danger; et comme il
ne faut qu'un temps très-court pour se pénétrer de leur
esprit, j'en conclus qu'il n'y a pas un an qu'il en a fait
partie, que par conséquent il n'a jamais connu la conférence de littérature. Toutefois, examinons ses réflexions
sur ce sujet, avant de passer aux autres conférences.

LITTÉRATURE.

A défaut d'une assemblée où chacun, soit de vive voix,
soit par la lecture de ses propres essais, ferait pressentir
le degré de culture de son esprit, apprécierait les modèles
que nous ont laissés l'antiquité ou les siècles modernes,
donnerait par conséquent la mesure des espérances que
permettent ses jeunes talens; M. Duchâteau est réduit à
revenir sur un sujet qu'il semblait avoir épuisé, et com-
pulsant la bibliothèque pour la seconde fois, il reproduit
en d'autres termes les conséquences qu'il a précédemment
tirées de sa composition.

Plus équitable que lui, je rappellerai ici un axiôme qui devrait être la règle invariable de tous les critiques : c'est qu'il faut oublier l'homme pour juger l'écrivain ; condamnons ses idées quand elles nous paraissent inconciliables avec le bien, mais proclamons son mérite littéraire. Dèslors s'évanouit la puérile distinction qu'établit M. Duchâteau entre les ouvrages où prédomine l'amour de la religion et de la royauté, et les écrits tracés tant par les philosophes du siècle dernier que par les partisans de l'opposition actuelle. La poésie toute lyrique de M. Lamartine n'éclipse point à mes yeux la gloire des Messéniennes ; les comédies de MM. de Laville et Roger, celles de MM. Andrieux, Étienne, C. Delavigne ; Saül et Jeanne-d'Arc, s'honorent d'un parallèle avec l'Agamemnon de M. Lemercier ; le chantre du Christianisme et des Martyrs, quoique le premier dans la carrière, ne nous dérobe point les autres prosateurs de l'époque. Au tribunal d'une droite raison, Montesquieu reçoit avec Pascal et Bossuet les palmes du génie ; Voltaire, sans être à la hauteur de Corneille, sans avoir la sensibilité de Racine, commande l'admiration ; Rousseau séduit par l'éclat du style, maîtrise l'esprit, fait mouvoir toutes les puissances de l'âme. La république des lettres, encore un coup, est en dehors du monde politique.

Ce seroit offrir aux génies que nous plaçons sur les sommités de la France littéraire un encens indigne d'eux, que de méconnaître les titres de leurs rivaux. Amis de la religion et de la monarchie, on nous fera peut-être l'honneur de ne pas nous croire aveuglés par une superstition exclusive du vrai talent, fanatisés par un enthousiasme de commande. Champions des Jésuites (l'accusateur le suppose), nous aurions alors bien dégénéré de nos maîtres, si bons juges en fait de littérature, parce qu'ils étaient eux-mêmes excellens littérateurs.

MÉDECINE.

Je ne suis pas médecin; la briéveté avec laquelle M. Duchâteau analyse ce sujet, me prouve qu'il ne l'est pas davantage : il est donc probable qu'ainsi que moi, il n'a
guère assisté aux conférences médicales. Cependant il
falloit à tout prix en parler : le nom de Cabanis, dont la
physiologie semblerait établir le matérialisme, mais qu'à
mon avis M. Droz a lavé de cette tache dans une note curieuse ajoutée à sa *Philosophie Morale,* est d'abord tombé
sous sa plume; une plaisanterie sur la religion du médecin et la piété des fidèles complète l'article, mais je doute
qu'elle produise chez eux un sentiment de conviction ou
de fausse honte.

PHILOSOPHIE.

La logique introduit à la philosophie; M. Duchâteau
paraît l'avoir oublié en sacrifiant au plaisir d'une épi-
gramme, qui n'a rien de piquant, cette vérité banale : que
les travaux intellectuels sont tout-à-fait indépendans de
la place qu'on est appelé à gérer dans la Société. Je sais
que Platon, Aristote, Pythagore, ne fréquentaient pas
les bureaux de la police; mais peut-être ne serait-il point
téméraire de soutenir que le spectacle des misères hu-
maines, qu'on y considère de si près, est un véhicule non
moins puissant vers les méditations métaphysiques ou
morales que l'isolement du cabinet. La moindre circon-
stance décide quelquefois de notre vocation : il se peut
donc que M. Laurentie ait été confirmé dans le goût de
la philosophie par l'expérience qu'il a faite des tristes résultats du moderne philosophisme; qu'appelé ensuite, en
qualité d'inspecteur-général des études, à en surveiller
l'enseignement dans les colléges de l'Université, il ait, par
la nature de ses occupations antérieures, d'autant mieux
compris le besoin de l'y faire fleurir. L'enchaînement des
vérités métaphysiques, la filiation des préceptes de mo-

rale, sont l'objet des études premières. Conduit par une bienveillante complaisance au sein de la Société, M. Laurentie a dû supposer connus les élémens de la science ; parlant à une jeunesse environnée d'écueils, assaillie par les œuvres incessamment réimprimées des Diderot, des Holbach, des Dupuis, il a dû lui signaler le danger de sa position et combattre à l'avance, l'artifice de leurs raisonnemens. Voilà le secret que ne peut s'expliquer M. Duchâteau.

Une discussion philosophique n'admet que les termes propres, et cette propriété d'expressions devient plus nécessaire encore en théologie, où l'inexactitude effleure une opinion hérétique. Le critique s'écarte de ce précepte, confondant l'adoration qu'il reconnaît chez les anciens pour les divinités inférieures, avec le genre d'honneur que l'Eglise rend aux Saints. Néanmoins, le Catéchisme, à la paraphrase du premier commandement, répond à cette question : « Qu'est-ce qu'*adorer* Dieu ? » que c'est reconnaître qu'il est notre Souverain Seigneur et nous humilier devant lui ; ajoutant ailleurs, que nous ne prions et *honorons* les Saints qu'afin d'obtenir leur intercession. Quoique lancé dans les considérations philosophiques, il n'est pas permis d'ignorer les élémens de la croyance religieuse.

La confusion de mots est plus excusable que celle des choses. Assimilant les auteurs de la loi sur le sacrilége au prêtre Anytus, qui fit condamner Socrate à boire la cigüe, M. Duchâteau oublie que la profanation des vases sacrés et des hosties consacrées, constitue seule le crime de sacrilége ; que, dès-lors, la sanction pénale ne pèse point sur la tête du blasphémateur, du déiste, de l'athée, tant qu'une profanation matérielle de leur part ne les expose pas à être traînés sur les bancs de la Cour d'assises. Appellera-t-on défendre la religion de l'Etat contre ses propres ministres, la conduite de l'homme qui déverse le mépris sur les mesures capables de la garantir des atteintes du crime ? Regardera-t-on comme versé dans l'histoire de la Philosophie, l'écrivain qui range sur la même ligne et proclame identiques l'attentat du sacrilége et le crime dont la haine accusa Socrate ?

Du moins, les membres des Bonnes-Études connaissent l'espèce du culte réservé à Dieu; ils savent à qui la vindicte publique fait infliger les peines, conservatrices de la Religion de l'Etat. L'étude des lois leur apprend, l'humanité leur indique, que la déplorable folie des sophistes est plutôt digne de pitié, que des rigueurs de la justice humaine : et si, dans l'absence d'une prohibition, la presse perpétue ces divagations insensées, ces maximes corruptrices, toujours la conscience fait un devoir au vrai philosophe de dévoiler à une jeunesse, amie de l'ordre, la turpitude de leurs auteurs.

HISTOIRE.

Français, on nous propose l'histoire de notre propre pays. Il ne faut point, à l'exemple de M. Duchâteau, exploiter la mine féconde des conjectures pour justifier le travail de la conférence historique.

Embrassant la durée entière de notre existence, parcourant, tour-à-tour, les temps antérieurs à la conquête des Francs et les trois races de nos rois, elle envisage les mœurs de la nation, les croyances qui l'ont gouvernée, les institutions politiques qui l'ont régie, les phases de sa civilisation. Renfermée dans ces bornes, elle n'examine les annales des autres peuples, qu'autant qu'elles ont un intime rapport avec les nôtres, ou que de cet examen, peut jaillir une lumière qui éclaircisse l'origine douteuse de certains événemens. Ainsi, il est faux que le siècle de Julien soit le point de départ de son travail : spécialement attaché à cette conférence, j'ai crayonné les révolutions de la France littéraire, depuis les Druides jusqu'à Louis XI. Il est faux encore que le système tende à justifier ou à approuver les usurpations précaires de la puissance pontificale : la tâche qui m'était dévolue m'a donné occasion d'en parler dans un sens opposé. Impartiaux dans nos mémoires, nous rendons justice au Clergé, conservateur et restaurateur des lettres , des sciences et des arts; aux corporations religieuses , trésors d'érudition , si utiles à l'enseignement : mais nous avouons des désordres, inséparables de l'humanité, compensés d'ailleurs par tant d'immenses avantages. Sujets fidèles , sans cesser d'être indépendans dans l'expression de nos pensées , nous bénissons cette constitution monarchique qui , imposant de justes bornes au pouvoir, l'empêcha de dégénérer en un aveugle despotisme, mais qui, remettant l'autorité entre les mains d'un seul , le rendit habile à faire le bien avec plus de promptitude, de constance et d'étendue. Fiers des vertus qu'enfanta l'ancien régime, nous nous dévouons au nouveau , seul compatible avec la disposition des esprits.

DROIT.

Le droit se traite dans des conférences particulières aux étudians de chaque année, et dans des réunions générales auxquelles sont admis tous les membres. La revue des matières du Code civil, le développement des principales questions qui s'y rattachent, l'habitude de la plaidoirie, tel est le but des premières conférences, toujours présidées par des avocats : les secondes, sous les auspices de MM. Berryer et Hennequin, envisagent le droit d'une manière tout à la fois plus large et plus élevée.

Poursuivi par la hideuse image de la Congrégation, M. Duchâteau l'a retrouvée dans ces assemblées générales, qu'il qualifie de grand Sanhédrin. Là retentissent, selon lui, les impérieuses prétentions du Clergé dépouillé; là s'exhalent les regrets du despotisme abattu. Servile troupeau dominé par un pouvoir encore inconnu, mais qui menace d'accabler la France, les Sociétaires s'y constituent, toujours suivant M. Duchâteau, en Chambre législative, d'où la prudence a banni l'opposition; des ministres choisis proposent une loi, dont ils savent d'avance le triomphe; des orateurs la discutent pour la forme, et une adhésion bruyante termine cette risible séance. Malheureusement pour le critique, l'exagération de ses paroles le trahit, la constante uniformité de ses argumens en accuse le défaut.

Les cours de l'Ecole expliquent la lettre par l'esprit qui l'a dictée; M. Hennequin, traitant les titres du Code sous un autre point de vue, développe l'historique et la philosophie du droit. La nature de la matière fait naître d'abord des réflexions générales; l'analyse des principes, qui en sont la base essentielle, donne lieu ensuite à des comparaisons, soit avec la législation ancienne de la France, soit avec les législations étrangères : le discours, embelli par les charmes d'une éloquence naturelle et facile, semé de curieux détails, animé par le saint amour du Roi, de la patrie, de la religion, est le fruit de l'inspiration du moment, bien plus que des loisirs de la retraite. Un jour, je me rappelle, l'orateur rattacha à l'autorité paternelle, le lien monarchique qui liait un tendre père à la famille de ses sujets. Négligeant bientôt une théorie qui ne s'adressait qu'à la raison, il se livra, avec une expansive sensibilité, au récit des bienfaits dûs à la monarchie, et ravissant les cœurs au dernier dégré de l'enthousiasme, nous ramena au Roi-martyr, dont le baptême de sang a, pour ainsi dire, retrempé le dogme de la légitimité. A coup sûr, l'émotion qui se peignoit sur tous les traits, les applaudissemens unanimes qui annoncèrent à l'orateur une si honorable communauté de sentimens, auraient guéri M. Duchâteau de ses préventions; étouffant dans son esprit le germe de la dénonciation qu'il méditait peut-être, ils auraient confirmé, entre lui et les Bonnes-Études, le traité d'une éternelle alliance.

Tableau plus fidèle des séances du Palais, la conférence de M. Berryer en reproduit les débats; les plaidoiries des avocats, l'intervention du ministère public, les opinions motivées des juges, soumises, en dernière analyse, au contrôle du président, facilitent aux Sociétaires l'accès du barreau ou de la magistrature. Les questions qui rentrent dans le domaine du droit, s'agitent donc nécessairement au sein de l'assemblée; nécessairement aussi, les substitutions, les lois pénales sur le sacrilége, y ont pu être examinées : la solution est justifiée par l'opinion des chambres, ou du moins d'une grande partie de leurs membres. Si elle a devancé la discussion législative, ce dont je n'ai aucun souvenir, c'est une preuve, non pas de la folle hypothèse d'une Congrégation, mais de l'urgence avec laquelle les circonstances exigeoient la proposition de ces salutaires mesures. ,.

RELIGION.

Les pompes du culte catholique, la morale religieuse prêchée aux Sociétaires, sont flétries par M. Duchâteau du sceau de la réprobation.

Entraînés que nous sommes par les écrits de tant de philosophes, partisans exclusifs de la religion naturelle, vers l'indépendante simplicité du protestantisme, on demande le sacrifice des ornemens sacrés, on proscrit la majesté des cérémonies religieuses. « Cependant n'a-t-il » pas toujours été dans l'esprit de l'Eglise catholique de » chercher à s'emparer de l'homme tout entier, et à frapper » son imagination pour mieux arriver à son cœur ? Fleury, » cet homme si simple et en même temps si judicieux, re— » marque, au sujet des évêques et des saints personnages » de l'antiquité chrétienne, que c'étaient des Grecs et des » Romains, souvent grands philosophes et toujours bien » instruits de toutes sortes de bienséance ; qu'ils savoient » que l'ordre, la grandeur et la netteté des objets extérieurs » excitent naturellement des pensées nobles, pures, bien » réglées, etc. » J'emprunte ici la voix d'un évêque, respecté par ses vertus, pour l'opposer à celle de M. Duchâteau. Si c'est un crime d'environner les Sociétaires, réunis dans la chapelle souterraine de Sainte-Geneviève, de l'éclat qu'elle permet de déployer à leurs yeux, c'en est donc un bien plus grand d'étaler, dans l'enceinte des basiliques, le spectacle de nos solennités, de rendre tous les arts tributaires de la majesté divine, d'appeler un peuple entier au pied des autels resplendissans de lumière, entourés d'un nuage d'encens, salués par les accords d'une céleste harmonie. Libres de leurs démarches, aucun décret

ne commande la présence des Sociétaires dans cette chapelle ; aucune disposition ne leur prescrit le moindre exer-
cice religieux : dès qu'une sanction pénale forcerait de
courber la tête sous le joug, la piété s'évanouirait pour
faire place à l'hypocrisie.

Importun pessimiste, je ne m'écrie point avec le poëte :

Ætas parentum, pejor avis, tulit
Nos nequiores, mox daturos
Progeniem vitiosiorem.

Autant que M. Duchâteau, j'apprécie les bienfaits de
la révolution, considérée comme leçon morale donnée aux
peuples par la Providence. Toutefois, au moment où des
volcans souterrains menacent le trône d'une chute pro-
chaine, où quelques hommes encore attisent le feu de la
révolte chez les nations de l'Europe, serait-il défendu aux
interprètes sacrés de répéter aux princes ce texte, de-
venu si fameux : *et nunc, reges, intelligite ; erudimini*
qui judicatis terram? Celui qui se glorifie de faire la loi
aux rois, et de leur donner, quand il lui plaît, de grandes
et terribles leçons, est aussi le seul qui leur communique
sa vertu dans le péril, et qui arme leur bras de la force
nécessaire à leur salut. Au moment où l'impiété multiplie
les scandaleuses réimpressions, serait-il défendu aux ministres de Dieu, de combattre, par leurs homélies, le
venin qu'on introduit dans les veines du corps social ?
Rien, l'expérience l'atteste, ne produit, sur les esprits,
un effet plus sûr et plus prompt que la parole d'un élo-
quent prédicateur ; à ce titre aussi, M. Duchâteau voudrait interdire la chaire, à deux prêtres, gloire du moderne
apostolat ; à un missionnaire, que ses talens appellent à
remplacer le nouvel apôtre de Saint-Sulpice. Ils persiste-
ront, cependant, de même que les Sociétaires, à qui la
piété le conseillera, continueront de prêter l'oreille à leurs
paroles, et dans les temples de la capitale, et dans la chapelle souterraine de Sainte-Geneviève. Désintéressé dans
la question, puisque je ne me suis pas trouvé une seule
fois, dans ce but, à cette chapelle, je leur promets de
ne point imiter M. Duchâteau ; me montrant toujours

aussi ennemi du ridicule dont on cherche à couvrir leur démarche, que du faux zèle qui présagerait, sous le règne de Charles X, le retour des temps de Dioclétien.

INFLUENCE EXTÉRIEURE.

A l'exemple du critique, j'ai considéré les Bonnes-Etudes sous les divers points de vue qu'elles présentent : de cet examen, résulte une conséquence diamétralement opposée à la sienne. Heureuse d'avoir conservé au Roi, de fidèles serviteurs, à la Religion, des défenseurs zélés, la Société, selon M. Duchâteau, protège encore ses membres dans la suite de leur carrière : légistes, médecins, littérateurs, fonctionnaires publics, lui sont redevables de leurs succès ou de leur avancement; mais quoiqu'admis dans son sein, je n'aurais pas connu d'exemples d'une si attentive bienveillance, si la dénonciation n'en avoit noté plusieurs. Réduit au silence par cette citation, j'étais prêt à confesser l'influence politique des Bonnes-Etudes (de là à celle de la Congrégation il n'y a qu'un pas); quand, en relisant les noms des jeunes gens, élevés de si bonne heure aux hautes fonctions diplomatiques et administratives, j'ai songé que la prépondérance personnelle de leur famille pouvait avoir contribué à faire fléchir la règle, si toutefois M. Duchâteau n'a point été lui-même induit en erreur. La même réflexion lui eût évité une remarque sans fondement.

Néanmoins, parce qu'on désavoue un système de patronage, favorable à l'arbitraire, il serait absurde de disconvenir que la connaissance particulière de quelques protecteurs des Bonnes-Etudes ne puisse être isolément de quelque utilité. Mais, je nie qu'un *empire mystérieux* impose son joug au gouvernement du Roi; qu'il rabaisse l'indépendante dignité du journaliste, au misérable rôle d'un pamphlétaire à gages; qu'il transforme la culture des lettres en une honteuse exploitation. Soutenons une opinion, mais franchement et sans arrière-pensée : tout autre moyen annonce trop de dégradation, pour que j'y puisse ajouter foi.

CONCLUSION.

Je termine, en protestant contre toute offensante personnalité; la vérité seule a dicté cet écrit, mais elle ne donne pas le droit de prodiguer des injures. Je termine, en exprimant le vœu que les Français, unis déjà par l'amour de la patrie, partagent bientôt le même esprit.

Lauriers de Bovines et de Fontenoy, joignez-vous à ceux d'Austerlitz et d'Iéna; que la Concorde, descendue du ciel, en forme un glorieux berceau, sous lequel le royal enfant, promis à notre amour, vienne méditer les vertus de ses ancêtres et le respect dû à cette Charte, boulevard de nos libertés ! Les trophées militaires lui apprendront que la valeur française est de tout âge; que, défenseur de ses foyers, ou conquérant de l'Europe, son peuple est animé du même héroïsme. Instruit par l'histoire, qu'il contemple cette dernière campagne, à laquelle présidèrent la victoire et la paix; comme autrefois, le blanc panache s'est trouvé dans le sentier de l'honneur; nos jeunes guerriers, guidés par les vainqueurs de l'Italie et de l'Allemagne, ont rivalisé de courage et de générosité ; le pacte d'une éternelle union a été juré sur le champ de bataille, et désormais l'armée, semblable à la phalange macédonienne que les efforts de l'ennemi ne pouvaient entamer, restera inaccessible aux perfides conseils, aux coupables tentatives.

Comme elle, soyons unis. Réconciliés sous les auspices de Charles-le-Bien-Aimé, imitons les nobles vertus du pacificateur de l'Espagne; que la fille du Roi-martyr oublie ses douleurs, au milieu de l'universelle allégresse; que la France, adoptant avec orgueil la mère du nouvel Henri, prépare au rejeton de soixante monarques, un règne de paix, de gloire, de prospérité.

18 octobre 1826.

A. HENRION.